# Isadora Duncan:
## LA DANZA DEL
## ESPÍRITU

Ramírez, Rayo
  *Isadora Duncan: La danza del espíritu* / Rayo Ramírez ; il.
Felipe Ugalde – México : Ediciones SM, 2009. [reimp. 2015]
46 p. ; 20 x 20 cm. – (Así ocurrió. Instantáneas de la historia)

ISBN : 978-607-471-000-7

1. Duncan, Isadora, 1877-1927 – Biografía. 2. Danza – Historia.
3. Bailarinas – Biografía. I. Ugalde, Felipe, il. II. t. III. Ser.

Dewey 792.809 R36 2009

Texto e investigación: Rayo Ramírez, 2009
Ilustraciones: Felipe Ugalde, 2009
Diseño: Roxana Ruiz y Alejandro Magallanes

Primera edición, 2009
Segunda reimpresión, 2015
D. R. © SM de Ediciones, S. A. de C. V., 2009
Magdalena 211, Colonia del Valle,
03100, México, D. F.
Tel.: (55) 1087 8400
Para conocer SM, su fondo editorial y sus servicios:
www.ediciones-sm.com.mx

ISBN 978-607-471-000-7
ISBN 978-970-785-001-9 de la colección Así Ocurrió

Miembro de la Cámara Nacional de la Industria
Editorial Mexicana
Registro número 2830

Impreso en México / *Printed in Mexico*

Créditos de las fotografías:
pp. 36, 37b, 38a, 39a, 39c, 40, 44a, 44b, 44c y 46
© Jerome Robbins Dance Division, The New York
Public Library for the Performing Arts, Astor, Lenox
and Tilden Foundations
pp. 37a, 37c, 38b, 38c, 39b, 41a, 41b, 41c, 43
Isadora Duncan Dance Foundation, New York City

# Isadora Duncan: LA DANZA DEL ESPÍRITU

Textos de Rayo Ramírez
Ilustraciones de Felipe Ugalde

ediciones sm

En la familia todos tenemos algo de artista, excepto mi padre, que fue banquero. Nuestra madre siempre se ha dedicado a la música y da clases de piano. Dora y yo somos bailarinas. Raymond y Augustin, nuestros hermanos, prefieren la música y el teatro.

Nuestro padre nos abandonó cuando Dora era apenas una bebé. Vivíamos de las clases de piano de mi madre y de las clases de baile que Dora y yo impartíamos. Incluso organizábamos funciones en las que Dora bailaba mientras mi madre interpretaba algo al piano; luego yo recitaba algunos poemas y Raymond cerraba con una pequeña charla sobre los griegos o sobre la danza.

Somos el clan Duncan.

Desde que Dora era pequeña pasábamos horas contemplando el mar y el cielo de San Francisco. Recuerdo que a ella le gustaba saltar, imaginar y crear movimientos con las manos y los pies, mientras jugábamos con las olas en la playa.

"Me encanta ver las nubes arrastradas por el viento, los árboles que se mecen, los pájaros que vuelan, las hojas que dan vueltas… ¿Me muevo como ellos, Elizabeth?" Parecía una pequeña hada, una ninfa.

Dora siempre fue la más rebelde. Su seguridad
y su carácter la han llevado a hacer cosas increíbles.
Cuando tenía cinco años nos dijo que sería bailarina y
a los seis años empezó a dar clases de baile a otros niños
mayores que ella. ¿Cuántas niñas podrían hacer eso? Era
una niña solitaria y retraída pero nunca le ha temido al
público; al contrario, cuando la veo bailar parece que
se olvida de todo y de todos, que sólo existen ella y su
cuerpo iluminado por sus movimientos.

A pesar de que Dora tuvo que dejar la escuela con apenas diez años de edad y nunca regresó a ella, siempre se ha interesado por la historia, el arte, la música, la filosofía y la literatura. Mi madre nos enseñó muchas cosas y también nos habló de algunos temas que las mujeres de esta época no acostumbramos tratar: ¡las señoritas decentes no debemos opinar sobre feminismo, ni pensar en el divorcio o tener hijos sin estar casadas! Pero Dora es muy rebelde y no le importa que se escandalicen con sus ideas y opiniones; siempre dice lo que siente, aun cuando no sea lo más adecuado. También de mi madre aprendió esta que es otra de sus pasiones: la libertad. Libertad de hacer, de decir, de pensar, de ser.

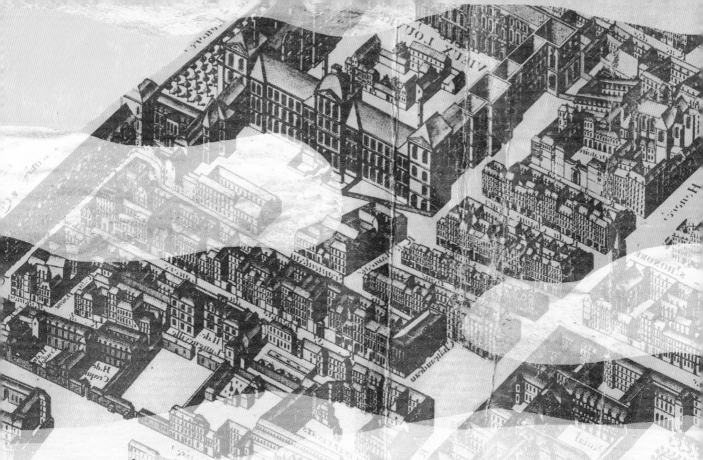

Dora es nuestra hermana menor y el eje de la familia. Cuando era una jovencita no fue difícil para ella convencernos de emigrar a Europa, justo cuando todos los europeos soñaban con viajar a Norteamérica para buscar mejores oportunidades.

"El Viejo Mundo tiene más que darnos que este Nuevo Continente", alegaba. Todo lo que sabía de Europa la atraía como un imán.

Desde que llegamos a Europa, Isadora —que adoptó el nombre de nuestra madre como artista— ha sido aplaudida por su danza original, o incomprendida por su atrevida propuesta. Primero en escenarios de Inglaterra, luego en Francia, después en Alemania. No todos entienden la danza como ella. Cuando eso pasa, no se decepciona ni se enfurece, sólo dice:

"Mi puesta en escena es revolucionaria. No necesito de decorados aparatosos, tutú, zapatillas de punta ni medias rosadas. ¡Ni pensar en maquillarme y recogerme el pelo con un moño! Me bastan una túnica vaporosa y los pies descalzos."

Isadora prefiere parecerse a los danzantes griegos que tanto admira en los jarrones antiguos de los museos. Porque debo decir que uno de sus pasatiempos favoritos es pasar horas enteras en los museos contemplando todas esas obras del mundo antiguo que la inspiran. Además de las obras de la Grecia clásica, conoce de memoria las esculturas de Rodin, las pinturas de Botticelli, el arte egipcio; le fascina todo lo que representa al cuerpo humano desde que el hombre existe.

"El cuerpo humano es tan bello...", me dice con frecuencia.

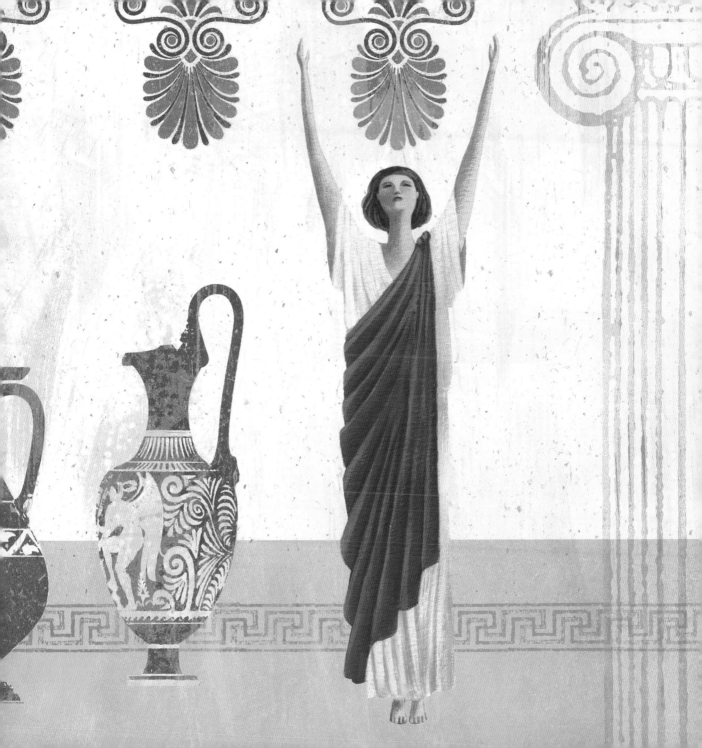

Le encanta viajar y aprovecha sus giras para aprender más sobre arte e historia. Se ha presentado en los lugares más lejanos del mundo, como Uruguay y Rusia, y siempre se da tiempo para conocer el sitio y a sus habitantes.

Su pasión por la danza le hizo concebir esa idea loca de fundar un templo de enseñanza, como una acrópolis, nada menos que en Atenas, en la colina de Cópanos. Cuando compró el lugar nos pidió que fuéramos todos a conocerlo: le gusta que toda la familia forme parte de sus planes más importantes. Recuerdo que ese día Isadora corría y gritaba como una niña inquieta.

Isadora piensa que los niños se deben desarrollar tanto física como espiritualmente aprendiendo a bailar de manera natural. Por esa razón abrió también una escuela en Grunewald, Alemania. Es muy buena maestra, y a pesar de que tuvo que cerrar la escuela cuatro años después y cancelar su proyecto de Atenas, nunca abandona a sus alumnas: las lleva consigo durante sus giras y las prepara. Estoy segura de que la escuela en Alemania y la acrópolis en Atenas no serán sus únicos intentos. Isadora está obsesionada con enseñar danza. Muchas veces le he oído decir:

"Empecé a bailar en el momento mismo en que supe mantenerme en pie. He bailado toda mi vida. El hombre, la humanidad, todo el mundo debe bailar."

Para no variar, su manera de enseñar también rompe todas las normas instituidas por la academia. Lejos de pensar que la danza es una disciplina estricta y solemne, que requiere fortaleza física para mostrar formas delicadas, ella cree que la danza debe surgir de una fuerza espiritual, que los movimientos deben significar y comunicar sensaciones, expresar el estado del alma. Por eso la llama danza del espíritu. Y por todas estas ideas innovadoras a Isadora la llaman la madre de la danza moderna.

*danza del espíritu*

A pesar de que ha estudiado danza clásica, Isadora piensa que el ballet es "un género falso y absurdo que nada tiene que ver con el arte".

"El ballet separa al alma del cuerpo", opina.

El día que conoció a la bailarina más famosa del mundo, la rusa Anna Pavlova, confirmó todas sus creencias sobre el ballet. Después de estar con ella, llegó sorprendida a contarme:

"Encontré a Pavlova de pie con su vestido de tul practicando en la barra, sometiéndose a la gimnasia más rigurosa, mientras que un viejo caballero con un violín marcaba el tiempo y la exhortaba a realizar mayores esfuerzos; era el legendario maestro Petipa. Me senté y durante tres horas observé, tensa y perpleja, los sorprendentes ejercicios de Pavlova, que parecía ser de acero elástico. Su hermoso rostro adoptó las líneas severas del mártir. No paró ni un solo instante."

27

Muy en el fondo, Isadora siente ese rechazo al ballet porque su danza, revolucionaria y libre, no ha sido muy bien recibida por los burgueses ni por los círculos aristocráticos. Ellos prefieren el ballet. A pesar de que Isadora ha actuado ante reyes, príncipes y políticos importantes, ella se siente más cómoda entre sus amigos escritores, pintores, fotógrafos. Y todos la admiran; muchos han hecho o escrito obras sobre ella. Su mundo ahora es perfecto: sus amigos la aprecian, vive para la danza y adora a sus hijos Deirdre y Patrick.

Hoy fue un día muy extraño. Isadora presentó su espectáculo aquí en París y se le ocurrió bailar nada menos que la *Marcha fúnebre* de Chopin. Cuando me dijo que lo haría, sentí temor y me puse pálida:

"¿Qué te preocupa, Elizabeth? No seas supersticiosa", me dijo, sonriendo divertida por la reacción que me provocó su ocurrencia.

Sin embargo, cuando terminó de bailar y bajó del escenario noté en su rostro un gesto de aprensión o temor. Salió del teatro prácticamente huyendo. Cuando la alcancé en casa y le pregunté qué había sucedido, sólo me abrazó y dijo que tuvo una visión terrible mientras bailaba.

Pero Isadora es así: impetuosa, impredecible y apasionada.
Todo eso la hace una persona muy especial.

# Instantáneas de la historia:
## LA BAILARINA INDÓMITA

Para Isadora los movimientos clásicos del ballet eran "bellos y graciosos"; mostraban las formas delicadas pero separaban el cuerpo del alma.

Anna Duncan bailando en la playa

La Ninfa, como era conocida Isadora en el ambiente cultural, además de su belleza, poseía un poder de atracción que la mantenía rodeada de amigos: los principales intelectuales, pintores y poetas de la época.

◀ "Nací a la orilla del mar. Mi primera idea del movimiento y de la danza me ha venido seguramente del ritmo de las olas." Isadora Duncan, *Mi vida* (autobiografía).

Las alumnas de Isadora seguían sus enseñanzas y aprendieron de ella su gran sensibilidad y profunda visión sobre el arte y el lenguaje del cuerpo.

En 1905, entre las veinte alumnas que estudiaban en la escuela de Isadora en Alemania se encontraban Anna Denzler, Maria-Theresa Kruger, Irma Dorette Ehrich-Grimme, Lisa Milker, Gretel Jehle y Erica Lohman. Con el tiempo se conocerían como *las Isadorables* por su talento y cercanía con ella.

Isadora en su escuela de Bellevue, Francia, poco antes de venderla en 1919

El legado de Isadora, la creadora de la danza moderna, fue la influencia que ejerció posteriormente en la danza clásica, el teatro y otras disciplinas de expresión corporal.

Isadora buscaba que sus movimientos no mostraran, sino que *significaran;* que apuntaran a comunicar sensaciones.

El pilar central de la vida de Isadora, su madre Mary Isadora Grey, muere en 1922. En esta fotografía aparece con su nieta Deirdre, la hija mayor de Isadora.

# Isadora Duncan
# Cronología

- **1877** En San Francisco, California, nace Dora Angela Duncan Grey, conocida como Isadora Duncan. Sus padres, Joseph Duncan y Mary Isadora Grey, se divorcian cuando ella es muy pequeña.

- **1878 a 1887** La familia pierde todo en un incendio cuando Isadora tiene apenas dos o tres años. Se mudan constantemente debido a su mala situación económica. A los seis años Isadora empieza a ofrecer recitales en su escuela, y empieza a dar clases de danza de manera informal a otros niños mayores que ella. Conoce a su padre.

Isadora, tomada por el fotógrafo E. Bieber en Múnich alrededor de 1903, época de su mayor éxito en Europa

Durante sus actuaciones, Isadora usaba una túnica liviana que mostraba el contorno de su cuerpo. Cuando se trataba de obras sobre la revolución su túnica era de color rojo.

Esta fotografía fue tomada por su hermano Raymond durante una visita a Atenas, donde pensaba fundar su primera escuela de danza.

◄ La Primera Guerra Mundial hace que Isadora posponga otra vez su sueño de fundar una escuela. En 1914, el edificio que Singer le compra en Belleveu, Francia, ella lo cede para instalar un hospital.

• 1888 Deja la escuela. Da clases de danza con su hermana a otros niños. Su mamá le transmite sus conocimientos sobre arte, poesía y música. Al mismo tiempo, le habla de feminidad, paganismo y vida seglar.

• 1895 En la adolescencia se muda con su madre a Chicago y estudia danza clásica. A fines de ese año se traslada con su familia a Nueva York y trabaja en la compañía de teatro de Augustin Daly.

• 1897 Hace un viaje breve a Inglaterra con la compañía de teatro. Toma lecciones de ballet y ofrece algunas presentaciones.

• 1899 Se incendia el Hotel Windsor, donde su hermana Elizabeth tiene una escuela de danza. Isadora convence a su familia de emigrar a Europa. Llegan a Londres. Pasa mucho tiempo en el Museo Británico y en la National Gallery estudiando la Grecia clásica.

• 1900 Forma parte de la compañía Benson de Inglaterra. Tiene mucho éxito: se presenta en los principales escenarios y frente a grandes personajes, como el Príncipe de Gales. Su hermano Raymond se muda a Francia; posteriormente lo siguen Isadora y su madre.

• 1901 El éxito obtenido en Inglaterra le abre las puertas de los principales teatros europeos. Recorre Francia, Alemania y Austria. En París continúa su fascinación por el arte y pasa mucho tiempo en el Museo del Louvre. Conoce a Auguste Rodin.

• 1903 La familia viaja a Atenas y compra la colina de Cópanos. Isadora piensa fundar un templo de la danza ahí. Años después abandona el proyecto por falta de fondos.

• 1904 Establece una escuela de danza en Grunewald, Alemania. Su hermana Elizabeth es la directora.

• 1905 Hace su primer viaje a Rusia. Al llegar a San Petersburgo es invitada por la famosa bailarina Anna Pavlova a visitar su estudio. Entabla relaciones sentimentales con Gordon Craig, el padre de su primogénita.

• 1906 Se presenta en Dinamarca, Suecia, Alemania y Polonia. Nace su hija Deirdre.

A pesar de ser un arte inspirado en las antiguas danzas griegas, la danza de Isadora era innovadora y moderna.

• 1908 Cierra su escuela de danza en Alemania. Sus alumnos se trasladan a Francia y posteriormente se presentan en Londres. Isadora regresa a Estados Unidos para presentarse en Nueva York, Boston y Washington.

• 1909 Paris E. Singer, hijo del magnate de las máquinas de coser, ofrece financiamiento para la escuela de Isadora. Se enamoran, viajan a Egipto e Italia y un año después nace su hijo Patrick Augustus en Francia.

• 1913 Se presenta en París y baila la *Marcha fúnebre* de Chopin. Semanas después mueren sus dos hijos cuando el auto en el que viajaban cae al río Sena. Isadora comenta a los diarios, días después, que durante su presentación en París había tenido una premonición de esto. Busca consuelo en el trabajo, y viaja a Albania y hace labor social con los refugiados.

Se presume que el padre de su hija Deirdre fue Gordon Craig, diseñador teatral; Paris Singer, hijo del magnate de las máquinas de coser, fue el padre de Patrick.

Cuando fallecen sus hijos Isadora no vistió de negro. No quería que se efectuara "una mascarada de entierro cristiano". Sólo quiso muchas flores y una orquesta tocando las lamentaciones del Orfeo de Gluck en la despedida.

Isadora escribió *Mi vida,* su autobiografía, en 1927, y tenía en proceso la segunda parte (*Mis dos años en la Rusia bolchevique*) cuando ocurrió su inesperada muerte.

• **1914 a 1916** Singer compra un hotel en Francia para la nueva escuela de Isadora. Comienza la Primera Guerra Mundial e Isadora entrega la escuela para ser utilizada como hospital. Regresa a Nueva York para ver a su familia y a sus alumnas más cercanas, conocidas como *las Isadorables*. Los siguientes años ella y sus alumnas se presentan en Estados Unidos, Suiza, Italia y algunos países de América del Sur (Argentina, Brasil y Uruguay).

• **1917** Triunfa la Revolución Rusa e Isadora celebra igual que muchos artistas de su época, quienes esperaban el final de la burguesía. Adopta oficialmente a *las Isadorables*.

• **1919** Vende el edificio de su escuela en Francia y viaja al norte de África. Piensa en fundar una escuela ahí, pero abandona la idea.

• **1921** Decide radicar en Moscú por invitación del gobierno soviético. Funda ahí su Escuela de Danza Futura, que inicialmente es recibida con entusiasmo por los dirigentes soviéticos, pero después pierde su interés.

• **1922** Contrae matrimonio con el poeta ruso Sergei Yesenin, diecisiete años menor que ella. Se divorcian en 1924. Él se suicida un año después.

• **1925** Regresa a Europa y reside en Niza. Dedica su tiempo a escribir *El arte de la danza* y a terminar su autobiografía. Funda en París otra escuela, en la que ingresan sus alumnos de Rusia, pero abandona el proyecto y regresa a Niza.

• **1927** Muere en un extraño accidente: se estrangula con una chalina de seda que se atora en la rueda trasera del auto deportivo en el que viajaba a gran velocidad.

*Las Isadorables* debutaron por primera vez en América en el Carnegie Hall de Nueva York en 1914. Aquí, tres de ellas.

# Fuentes

Actis, Beatriz, *Las ambiciosas. Retratos de mujeres que aspiraron a más y lo lograron*, México: Lectorum, 2007.

Blair, Federika, *Isadora. Portrait of the Artist As a Woman*, Nueva York: McGraw-Hill, 1986.

Duncan, Isadora, *Mi vida*, México: Grupo Editorial Tomo, 2004.

Kurth, Peter, *Isadora. A Sensational Life*, Boston: Little Brown and Company, 2001.

# Contenido

**Isadora Duncan:**
**LA DANZA DEL**
**ESPÍRITU**

se terminó de imprimir en julio de 2015
en Fotolitográfica Argo, S. A., Calle Bolívar No. 838,
Col. Postal, C. P. 03410, Benito Juárez, México, D. F.
En su composición se empleó la fuente Adobe Garamond.